# Erster Akt

Franz X. Bühler

# GRATULATION

## Zitate, Weisheiten, Anregungen

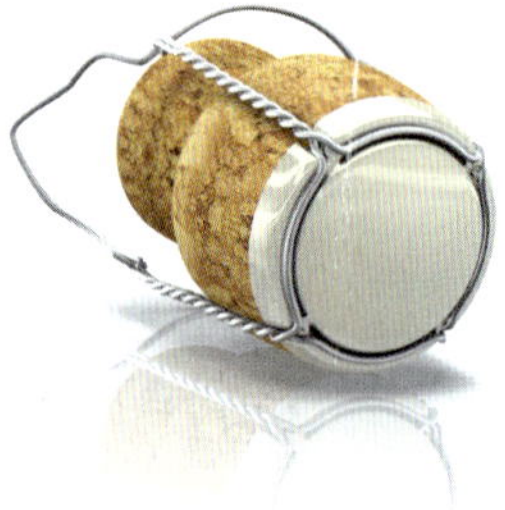

# Gruss und Gratulation

# Dass du dieses Büchlein...

in deinen Händen hältst,
bedeutet: „Jemand hat an
dich gedacht und
gratuliert dir herzlich.“

# Herzliche Gratulation zu allem,...

...was nicht zum Durchschnitt zählt. Und ich versichere dir: „Nichts an dir ist alltäglich. Alles ist auf wundervolle Weise speziell und außergewöhnlich.

*Gäbe es dich nicht,*
*man müßte dich erfinden...“* ☺

# Auch gratuliere ich dir...

...zu deinem
außergewöhnlichen
Geschmack. Nur so ist es
zu erklären, dass du mit
dir selber durchs Leben gehst.

*Du hast eine tolle Wahl
getroffen!*

# UND WENN ES WAHR IST,...

...dass wir nur außergewöhnlichen Menschen gratulieren, dann ist es höchste Zeit und heute der beste Moment, dir diese Glückwünsche zu überbringen. Jeder Mensch ist auf seine ganz persönliche Weise einmalig und wertvoll.

Danke, dass du mit deinem „so sein“ unsere Welt bereicherst.

# Heute ist dein bester Tag...

...und er soll dich besonders
liebevoll daran erinnern,
dass ein weiteres Jahr
vergangen ist, in dem du
weiser und erfahrener
geworden bist...

*Alles Gute - und...*

...möge er dich
noch viele Male
besuchen und du ihn
bei best' möglicher
Gesundheit genießen."

# ICH GLAUBE, DU BIST ECHT...

...ein Mensch von Welt.
Wie sonst ist es zu erklären,
dass es so viele Möglichkeiten
gibt, dir zu gratulieren? Ich
frage mich. ob diese wohl extra
für dich geschaffen wurden?

* * * * *

härzlechi Gratulation

# Gratulieren...

congratulation
felicitación
Gratulujeme
Hari
Гратулатион
eruuntur
Nugaletoju
συγχαρητήρια
congratulazione

# Kennt keine Grenzen

hamingjuósk
čestitka
félicitations
поздравление
gratuláció

* * * * *

Ja, gratulieren
kennt wirklich keine Grenzen!

# WER HEUTE SO DASTEHT WIE DU,...

...muss im Hindernislauf des Lebens unzählige Hürden mit Bravour gemeistert haben. Auch dazu dir, hier und heute, zu gratulieren und nur das Beste zu wünschen ist mir eine Herzensangelegenheit. Danke, dass es dich gibt!

# Mag sein,…

…dass wir alle nur ein winzig
kleiner Teil sind in der großen,
weiten Welt.

Aber glaube mir,
für jemanden bist du die Welt.

# Es gibt viele Dinge,...

die wir Menschen
uns erst verdienen müssen.
Eines davon ist die Gratulation.

Du hast es verdient.
Ich gratuliere herzlich und
wünsche dir alles Gute.

# Gratulieren verlängert das Leben

Kaum zu glauben, aber
regelmäßiges und ehrliches
Gratulieren kann tatsächlich
das Leben verlängern,
auch das der Gratulanten,
denn es ruft harmonische,
gute Gefühle hervor und
die fördern aktiv unsere
Gesundheit... ☺

# Manchmal ist es einfach so…

…und wir haben keinen Einfluss auf die Wahl gewisser Umstände in unserem Leben. Dann ist es umso wichtiger, wie wir ihnen begegnen und sie sehen. Immer jene Sicht zu haben, die dich weiterbringt und dir gut tut, dazu wünsche ich dir das Allerbeste und weiterhin eine glückliche Hand.

# Ach ja, was ich unbedingt noch sagen wollte:

Ich gratuliere auch mir dazu,
dir begegnet zu sein und
dich zum Kreis jener
Menschen zählen zu dürfen,
die ich kennen darf und
gerne in meiner Nähe weiß.

# Es ist wahr...,

...wenn die Freude, dir zu
gratulieren, ein zündender
Funke wäre, dann wäre der
Himmel über uns ein einziges
Feuerwerk... ☺

Bleibe wie du bist
und entwickle dich so,
wie du es dir wünscht.

# ICH HAB' MAL GELESEN,...

...dass fünfunddreißig
das interessanteste
und schönste Alter sei.
Wahrscheinlich gibt es deshalb
so viele Menschen, die selbst
nach Jahrzehnten immer noch
fünfunddreißig sind,
wenn du sie danach fragst... ☺

# ICH FORDERE DICH AUF:

Gratuliere dir heute
vielleicht mal...

...zu deiner Gesundheit,
...zu deiner Kreativität,
...zu deiner Durchhaltekraft,
...zu deiner Fähigkeit,

aufmerksam zuzuhören,

...zu deiner Zielstrebigkeit
...oder dir auch selber verzeihen zu können, wenn mal etwas nicht ganz so glückte, wie du‘s dir vorgenommen hast.

Und natürlich auch dazu, den Charakter und die Größe zu haben, dir genau in dieser...

...Angelegenheit bereits
bei der nächst' möglichen
Gelegenheit liebevoll eine
neue Chance zu geben.
Ganz einfach,
weil du es wert bist!

Ja, klopf' dir wertschätzend
auf die Schultern und
gratuliere dir selbst
zu dieser Großzügigkeit.

# WIE DU WEISST, GIBT'S...

...in diesem Büchlein noch
einen zweiten „Akt".
Was es damit auf sich hat und
warum gerade das Gratulieren
positiv zu unserer Gesundheit
beitragen kann?

Lass' dich überraschen!

ZWEITER AKT

# Irgendwie...

...scheint es paradox, denn wir Menschen gratulieren uns gegenseitig meistens nur gerade mal zu Geburtstagen, manchmal noch zu speziellen Leistungen, bestandenen Prüfungen, Beförderungen, großen Erfolgen in Business, Sport und dergleichen mehr...

...dabei sollten wir uns wirklich
viel öfters Glück wünschen!
Das tut jedem gut
und wir fühlen uns wunderbar.
Ich frage mich:
„Warum nur sind wir so
zurückhaltend mit
Gratulationen?
Das macht doch überhaupt
keinen Sinn, oder?“

# Wie dem auch sei,…

…ich schlage vor, auch du beginnst hier und jetzt, am besten sofort, Glück zu wünschen. Wem, meinst du? Ganz einfach:
„Schau in den Spiegel und du entdeckst den liebenswürdigen Menschen, der dein Wohlwollen, deine Aufmerksamkeit und deine Gratulation am meisten verdient!“

# ODER WARUM NICHT EINFACH MAL...

...gratulieren zur stets offenen Hilfsbereitschaft?

...gratulieren zur absoluten Pünktlichkeit?

...gratulieren zu Offenheit und Ehrlichkeit?

...gratulieren, weil es dir ein
Bedürfnis ist, was Liebes
zu sagen?

...gratulieren zur Geduld, die
jemand immer wieder mit
uns hat?

...gratulieren zu deiner
positiven Ausstrahlung?

# Und jetzt ein Trick...,

...den du nur wahren
Freunden verraten solltest!

*(...oder vielleicht doch
allen Menschen?)*

# Rezept für gute Laune und Gesundheit:

„Finde täglich und in allen
möglichen Situationen
Gründe, um jemandem zu
irgend etwas, das gelungen
oder erledigt ist,
zu gratulieren!“

## WAS DAS MIT GUTER LAUNE & GESUNDHEIT ZU TUN HAT?

Ganz einfach. Wer mit einer „Gratulationsbrille" durchs Leben geht, kann nicht anders, als ohne Unterlass nach Positivem und Gratulations-Würdigem Ausschau halten. Und da unsere Sichtweise auch unsere Gefühle beeinflusst, bist du garantiert ein wenig besser drauf als dein Umfeld!

# Gratuliere mehr - und...

...du fühlst dich wohler,
es geht dir besser.
Denn, wer sich wohl fühlt,
strahlt Freude aus,
steckt andere damit an
und lebt dadurch erst
noch gesünder.

# GENAU DIES SIND MENSCHEN,...

...von denen es auf der Welt immer noch viel zu wenige gibt. Menschen, die durch ihre Sicht und ihr Handeln „einfach besser drauf" sind!

Einverstanden?

# GRATULIEREN BEDEUTET AUCH:

„Ich bestaune dein Wissen.
Ich habe Respekt vor deinen
ganz besonderen Fähigkeiten.
Ich finde es super,
was du immer wieder leistest.

Ich schätze dein Verständnis.
Ich achte dich sehr
für dein „So-Sein“.
Ich danke dir, dass du immer
ein offenes Ohr für mich hast.
Du bist mir wichtig.“

# Eigentlich, ja eigentlich…

…ist völlig egal, was du heute
feierst, denn jeder Mensch,
der die Gewohnheit pflegt,
das Schöne im Leben
zu erkennen, wird immer
jung bleiben, so wie du.

# Wer sagt denn,...

...dass es ein Oscar, ein Nobelpreis, ein Bambi, eine bestandene Prüfung oder sonst eine bekannte Größe oder Auszeichnung sein muss,um gratulieren zu können?

# ICH WEISS, ICH WIEDERHOLE MICH,...

...doch genau dies ist unbedingt nötig und wichtig, weil gerade dieser Mensch es am meisten verdient hat. Diesem musst du einfach immer und immer wieder Glück wünschen und gratulieren! Wem?

Deinem Spiegelbild!

## FRANZ X.BÜHLER
Minibücher aus Création Vom Kopf ins Herz ©

„Zitate, Weisheiten, Anregungen“

All` das wünsche ich dir...
Aufbruch
Begeisterung
Danke
Einfach so...
Erfolg
Gesundheit
Gratulation
Golf ist mehr...
Liebe
Thank you
Trost
Willkommen

---

## MINIBÜCHER
„Reiseführer durchs Leben“

Auf Zeit — Ute Latendorf

## MINIBÜCHER
„Gedanken zur Lebensfreude“

| | |
|---|---|
| Grazie | Katharina Thor / Nicolas Prizzotti |
| Dankeschön | Katharina Thor / Nicolas Prizzotti |
| Inspirationen | Schweiger / Klöck |
| Nachgedacht | Schweiger / Klöck |
| Glücklich | Schweiger / Klöck |
| Wünsche | Schweiger / Klöck |

---

Zu bestellen in jeder Buchhandlung oder bei:

**MENANI GmbH**
Eichbergstraße 13
86935 Rott am Lech
Deutschland

Telefon: +49 (0)8869 91183-0
Telefax: +49 (0)8869 91183-18

E-Mail: info@menani.com
www.menani.com